Die Wahrheit liegt im Widerspruch

ALFRED ILK

Die Wahrheit liegt im Widerspruch

Gedichte

Bibliografische Information der Deutschen Nationalbibliothek:
Die Deutsche Nationalbibliothek verzeichnet diese Publikation in
der Deutschen Nationalbibliografie;
detaillierte bibliografische Daten sind im Internet über

http://dnb.d-nb.de abrufbar.

© 2011 Alfred Ilk
Satz, Umschlaggestaltung, Herstellung und Verlag: Books on
Demand GmbH, Norderstedt
ISBN: 978-3-8391-9381-5

INHALT

III
Manna-Toaster

IV
Biotope

PEGASUS

O Ross,
was wieherst du
und stampfst Gerölle?
Dein Huf ist blutig – ach!
und knochengrau.

Nur fort,
nur zu,
beweg dich von der Stelle,
brauch deinen Flügelschlag,
flieh diese Schau!

O Ross,
was schreist du so
und speist Gewölle?
Du sinkst im Massengrab
geschundner Schädel ein!

Der Teufel
soll dich – nein!
Und geht es in die Hölle:
Ich muss auf deinem Rücken
Reiter sein.

I

LITTLE BIG BANG

ZIG, PLUS, MINUS

Zig Milliarden, sagen sie,
ist sie alt, die Galaxie,
und wahrscheinlich, nimmt man an,
ebenso der Sonnenclan
mit Planeten rundherum
taumelnd im Perpetuum.

Zig Milliarden früher noch
expandierte schon ein Loch
in dem Nichts und füllte jäh
Gasiges mit Feuerschnee;
dieser klumpte und rotierte,
weil die Schwerkraft existierte.

Zig Milliarden waren diese
Feuerriesen Paradiese,
beim Erkalten schon bewohnt
wie die Schatten auf dem Mond.
Ob sie immer noch bestehen,
kann der Astronom nicht sehen.

Zig Milliarden trägt die Erde
auch schon eine Viecher Herde
und die Menschen im Gewimmel
basteln an dem eignen Himmel,
um der Endzeit auszuweichen
am Planeten mit den Leichen.

Zig ist tröstlich an den Sternen:
Leben am Vergehn zu lernen.

ANAEROBE HÖHENFEUER

Was ernährt die Sonnenfeuer?
H und He verbrennen dort
länger schon und ungeheuer
heiss und ohne O-Import.

Aschen produziern sie nicht.
Rauch verweht im All als Wind.
Und die Flecken im Gesicht
sind noch immer unbestimmt.

Wissenschaft entdeckte die
anaeroben Lebewesen:
Brennen H der Galaxie
und das He nach diesen Thesen?

Anaerobe Höhenfeuer,
Sonnenherd-Protuberanzen
zeugen bei dem Abenteuer
Sauerstoffe mit den Pflanzen.

H$_2$O

Faszinierend find ich das:
Wasserstoff ist doch ein Gas,
Sauerstoff ist ebenso
gasbekannt und nennt sich O.

Dieses O ist liebestoll
wie das Gift im Aerosol,
techtelmechtelt fast mit allen
Elementen und Metallen.

Nur mit H ist es solid
und benimmt sich sehr liquid,
geht mit ihm durch dick und dünn
mit Verlust und mit Gewinn.

In der Not im Daseinskampf
bleibt O Partner auch bei Dampf,
löscht mit H die Feuersbrunst,
steht zu ihm selbst lau im Dunst,

stürzt mit H vom Berg ins Tal,
aus dem Himmel als Kristall,
deckt die Gipfel blendend weiss,
bleibt beständig auch im Eis.

Diese Partnerschaft zu dritt
war zu Anfang schon ein Hit:
Sie entsteht in jedem Fall
immer noch mit einem Knall.

LITTLE BIG BANG
(Olivers Traum)

Bevor die Erde Erde war,
der Himmel noch nicht Himmel,
war alles urelementar,
ein Dunst ohne Gewimmel.

Der Raum war voll von Energien,
die Dimensionen träumten noch
von Sternenlicht und Galaxien,
von der Fusion durch einen Koch.

Es war kein Koch – es war ein Kind,
ein elektronverwöhnter Strahl,
autistisch, wie so Kinder sind,
und noch vor jeglicher Moral.

Die Welt hiess damals Quabigat[1]
und Tirsa war ein Isotop
mit alchimistischem Format:
ein Wunderfitz in diesem Job.

Es sammelte die Energie
in ein Gerüst von Elementen,
in Varia und Symmetrie
zu dinglichen Beständen.

---

1   Quabigaten = 4Dimensionale

In Quabigat war Tirsa gleich
die Künstlerin der Masse Kraft
im masselosen Strahlenreich
ein Unikum und sagenhaft.

Das Tirsawerk vermehrte sich
durch Kohäsion und Liebelei
von Molekülen im Gemisch
mit explosiver Streiterei.

Die Quabigaten spielten mit,
sie gaben der Arena Platz
und bauten Welt und Raumzenit
unendlich aus für Tirsas Schatz.

Seither verteilt das Strahlenkind
im Vakuum die Kraftgerüste,
die Sterne und den Sonnenwind
mit pyromanischem Gelüste.

TANZ DER MOLEKÜLE

Der Auftakt kam zur Chaoszeit,
da waren Teilchen schon bereit,
sich gegenseitig zu verbeugen,
ihren Rhythmus zu bezeugen.

Es fehlte nur Musik dazu,
zum Walzerschritt mit einem Du,
bis die Glieder reagierten
und Protonen animierten.

Breaker warben als Solisten
Michael-Jackson-Improvisten,
Elvis Presleys Songromanzen
rand- und bandlos mitzutanzen.

Und es zappelten die Beinchen
an den ersten Kieselschweinchen,
sie erfanden Pas de deux
mit dem Schwänzchen in die Höh.

Als das Chaos sich verteilte
und zu Licht und Schatten eilte,
sah der Blitz nach Donnerlärmen
Teilchenpaare schon in Schwärmen.

Und der Tanz im Urmorast
setzt sich fort im Sportpalast
zum Beweis der moleküle-
archetypischen Gefühle.

SPEKTAKEL-ANALYSE

Die Wortgewalt vom Ursprung der Geschichte,
die Geistgestalt, die aus dem Chaos klang,
machte das Wissen nicht zunichte,
das ins Geheimnis dieser Mystik drang.

Tohuwabohu war's und nichts davor.
Ein Wirrwarr ohne Sinn und Zweck.
Ein Unfallherd im Raumlabor.
Ein ungewisser Suppenfleck.

Mit Rauch und Nebel unbestimmt
und doch bewegt von einem Wind
bekam das Graue eine Schwere
und ein Gesetz auch für die Leere.

Dann, eh der Mensch es noch verstand,
gewann die Ordnung Oberhand:
Der Kosmos hat sich selbst kreiert.
Ein Gott hat ihn nur kommentiert.

Der Kommentar aus seiner Sicht
entsprach dem trüben Sternenlicht.
Jetzt sehn wir besser mit Prothesen,
als wären wir dabei gewesen.

In diesem Licht und Feuerraum
durchforschen wir den Schöpfungstraum.

AUS EINEM GEPLATZTEN ZWERG

Sie muss älter als die Sonne sein,
denn in dieser ist kein Stein,
nur H und He in Expression,
uneinig bis zur Explosion
seit vier Milliarden Jahren schon.

Der Überschuss von diesem Brand
beleuchtet Gäas Kerngewand,
das aus geplatztem Stern im All
geschneidert war als Sonderfall –
erst flach, dann rund fast wie ein Ball,

wie Mond und Mars und alle andern,
die um den Herd der Sonne wandern.
Der Sternenstaub mit Energie,
gesammelt nach der Agonie
des Zwerges, inkarnierte sie.

Verborgen erst, doch bald bekleidet,
damit die Haut nicht brennt und leidet
vom Übermass der H-Fusionen
im Gasballon, hat grün umsponnen
Gäa sich und Licht gewonnen.

Das Licht als Freund mit blauer Brille
und Bräutigam in aller Stille,
mit dem sie ihre Stoffe webt
zum Kleid im All, in dem sie lebt
und bunt mit ihm zum Apex strebt.

ABAKUS IM ZODIAK

Lange war sie ohne Licht,
diese Buckelwelt im All,
variierte ihr Gesicht
und ihr Kleid aus dem Fanal
eruptiver Elemente.
Tief in ihrem Körper gärten
alchemistische Bestände,
die den Overall vermehrten.

Als die Zeit gekommen war
nach chaotischer Gebärde
und ein Gott das Licht gebar,
auch für Gäa, vulgo Erde,
mit dem Zauberwort: Es werde!,
lebte Gäa irgendwie
vorher schon in Bigamie
und mit einer Kinderschar.

Allerdings und bis dahin
fehlten ihren Kreaturen
Augen als der fünfte Sinn,
wie den nächtlichen Lemuren.
Doch das Licht aus Gottes Hand
segnete die dunklen Wesen,
schenkte zum Instinkt Verstand
und den Blinden Sehprothesen.

Andrerseits, man weiss nicht, wie
Gäa selbst vom Licht beschenkt
in dem Raum der Galaxie
ihren Turn so sicher lenkt.
Abakus im Zodiak?
Astrologisches Gespür?
Oder ist in ihrem Frack
ein GPS astral dafür?

PROTO-PHOTOPLASTEN

Als endlich Licht im All bewies
den Klumpen zäher Elemente,
der spät verkrustet „Erde" hiess,
bettelten die Strahlenhände
aus dem Sonnen-Feuerball,
die Photonen, um Asyle
auf dem ersten grünen Wall
und erhellten seine Pfühle.

Schrecklich schatteten Lemuren,
Spukgestalten aus der Zeit
vorsakraler Dunkelheit:
Augenlose Kreaturen,
Wimpern- und Tentakelwesen,
schwirrten irrend und verstarben
skelettiert als Steinprothesen
neben Magmabrei zu Narben.

Diesen blinden Existenzen
schenkte Licht ein neues Tasten
zum Ergreifen und Begrenzen
durch die ersten Photoplasten.
Diese Vorgeburt vom Schauen
blieb als Blattentwurf erhalten,
Wunderwelten aufzubauen,
Augenkörper zu gestalten.

GÄAS GARDEROBE

Du warst im Dunklen schon entbunden
von augenlosen Urgetieren,
die sich vermehrten im Profunden
mit vorsakralen Elixieren.
In deinen Tiefen, im Opaken,
ward blinde Welt für den Zerfall
zum frühen Baustoff deiner Schlacken,
zum Felsenkleid um den Kristall.

Als du dem Licht entgegenbautest,
noch glutig jung die Sonne schautest,
verliebten sich die ersten Strahlen,
die Exilanten aus Fanalen,
ins Schimmelgrüne deiner Hülle,
ins Chlorophyll um deine Fülle,
wo es schon krabbelte und gärte,
sich ohne Unterlass vermehrte.

Die Asylanten, die Photonen,
verschenkten sich mit ihrem Licht
an deine dunklen Kreationen
auf deinem Kleid, der Krustenschicht.
So ward es hell und alles strebte
zu sehn, nicht nur gesehn zu sein,
und in den neuen Wesen lebte
der Liebesstrahl im Augenschein.

Du formst noch immer deine Roben,
die Meere und Gebirge um
und kehrst das Unterste nach oben,
das Oberste nach unten um.
Die letzten deiner Augenwesen
beschreiben dein Geschick im All:
Der Kosmos soll die Blackbox lesen
mit Erdenstaub im Arsenal.

ODER FATUM

Nenn's Zufall oder nenn es Wille,
dass sich das Licht verliebte in
das Grün von Gäas Leibeshülle,
vielleicht erklärt den Lebenssinn.

Nenn's Zufall oder nenn es Witz,
dass sich die Erde dreht wie wild,
begierlich nach dem Lichterblitz,
dem Blattgemahl auf ihrem Schild.

Nenn's Zufall oder nenn es Glück:
Fürs Licht sind Tage sex-appealer
als Nächte mit senilem Blick
der Sterne auf die Kartenspieler.

Nenn's Zufall oder nenn es Los,
die Strahlen aus dem Sonnenherde
verjubeln sich in Gäas Schoss
im Spiel von „Stirb und Werde".

GÄA

Sie ist ein Kind der Sterne,
ein Chaoskind, ein Himmelskind,
geboren wie sie selber sind,
aus Staub geborstener Kerne.

Ob Uranus, ob Manitu,
ob Gott oder ein Känguru
die Väter oder Gatten sind,
der Stürmischen im Wirbelwind?

Wer schwängerte das Sternenkind,
die Ozeane um den Bauch
mit Leben, die des Todes sind
zur Haut von Gäa im Gebrauch?

Sie webt das Kleid für ihre Reise
mit Sterbenden aus ihrem Leib,
die Braut aus dem Trabantenkreise,
das auserwählte Sternenweib.

Bekränzt schon mit dem Eis am Pol
und reich geschmückt auf ihren Wangen
von Zeitbeschränkten farbig voll –
erhofft sie, einen Gott zu fangen.

UNIKUM IM ALL

Diese Vielfalt auf der Erde
ist im Kosmos ein Juwel.
Sonst herum sind Feuerherde
oder Gas im Karussell
der Gestirne und Planeten,
die die Götter nicht betreten.

Hier auf dieser bunten Welt,
wo es fröhlich lebt und stirbt,
wird gelacht und laut gebellt,
wenn ein Gott im Himmel wirbt.
Dieser, sagt man, war einmal
Gast als Himmelsprinzipal.

Auserwählt, vielleicht von Sonnen,
grün und blau von Luft umsponnen
schillert diese Welt im Drall
um sich selbst gottlos im All.
Lauschend schweift ein Meteorit
aus dem Raum um den Orbit.

Denn er weiss von der Geschichte,
dass die Welt sich selbst vernichte
und die Menschen, diese Gnomen,
ungebührlich auf ihr wohnen.
Schade, denkt sich der Komet:
Auch ein Gott kommt hier zu spät!

VANDALENBLUT

Als der Schweifstern (Meteor)
damals so viel Staub verlor
und die Erde penetrierte
mit Vandalenblut in Kernen,
bis sie Kinder generierte
aus den Stoffen von den Sternen,
war die Gastlichkeit der Welt
gross und freundlich eingestellt.

Doch die staubgebornen Affen
protzten bald mit ihren Waffen,
okkupierten alle Länder
und verlangten noch Tribut
für die eisernen Gewänder
zur Bewachung ihrer Brut.
Sternbewusst ist Gott für sie
Chef der Chaostheorie.

Und sie bauten mit den Sklaven
Gärten um nach Kosmographen,
neometrisch in den Formen
wider die Natur und nannten
es Kultur mit goldnen Normen.
Auch zu anderen Trabanten
wollen sie und haben jene
reserviert für ihre Pläne.

Vorerst müssen sie sich sammeln,
das Vorhandne noch vergammeln,
das versteckte Gold noch horten
mit Sensoren und Kohorten.

Zwischen Trümmern oder Gräben
führen sie ein Abgas-Leben,
heizen Meer und Atmosphäre
für den Countdown in die Leere.

MITGEFÜHL

Ob die Erde Schmerzen kennt,
wenn sie sich am Blitz verbrennt
oder hustet aus den Köchern
ihrer Haut, den Lavalöchern?

Bleibt sie bei der Raserei
um sich selber schwindelfrei?
Körperlich ist sie fast rund,
tätowiert und kunterbunt.

Ihren Kopf sucht man vergebens
als Zentralorgan des Lebens.
Was da kreucht und fleucht auf ihr,
unter, über und in ihr,

ist vielleicht nur Quälerei,
ein Geburtsschmerz in dem Ei,
wo der Fötus noch mutiert,
ungewiss, was aus ihm wird.

Was da kreucht und fleucht auf ihr,
unter, über und in ihr,
leidet mit am pränatalen
Ungewissen in den Schalen.

II

MIDLIFE-CRISIS

ASTROSKOPIE

Als Feuerball hat sie begonnen
und gravitätisch dann als Gott
Apostelkörper eingesponnen
im Tanz zum mystischen Komplott.

Doch ein Planet mit Astronomen
hat sich ein Astroskop gebaut
und physikalisch Maß genommen:
dabei die Heiligkeit durchschaut.

Man sagt, dass sie die Hälfte jetzt
als Stern der Galaxie durchlebte.
Zum Guten schien, doch auch verletzt
hat, was in hohe Sphären strebte.

Bei fünf Milliarden Jahren noch
zum Apex und im Speed des Kreises
mit Schwestern um das schwarze Loch
erlebt sie bald die Midlife-Crisis.

Die Erde selbst ist auch dabei.
Die Geoskopen fürchten dies.
Sie fühlten tief ins Krusten-Ei,
vom rauch- und ölverschmierten Vlies.

GÄAS ROBE-GARDE

Jetzt weiss man langsam: Du bist bunt,
nicht ganz wie eine Kugel rund,
ein wenig schief ins All geraten
mit Wasserbauch für Moritaten,
und deine Haut ist überschwemmt
mit Knöchelchen im Totenhemd.

Obwohl man dich von aussen kennt
und grüne Welt im Blauen nennt,
stirbt man nicht gern in deiner Robe
zur Auswahl bei der Kleiderprobe.
Man will nicht tot verwoben sein
im Brautkleid unterm Sonnenschein.

Man offeriert dir ein Porträt
mit Rücksicht auf die Pubertät:
Man meint, du bist jetzt schön genug
bei deinem Turn im Sternenflug
und würdest Menschen akzeptiern
als Kreateure fürs Gestirn.

Sie sorgen sich um dein Gewand
und was man in den Taschen fand.
Frisieren deinen wilden Wald,
veredeln Humus mit Asphalt,
erhellen dich zur Nacht im All
mit Leuchtstoffnaht im Overall.

DESIGN IM ALL

Lange hat sie es selbst probiert,
aus Gasen und feurigem Brei im Bauch
ein Kleid zu weben, das schöner wird
als das der Geschwister im Gebrauch.

Sie kopulierte mit Meteoriten
und mit dem Schweifschnee der Kometen:
Gebar als Wirtin die Parasiten
für das Gewand mit offenen Nähten.

Langsam wurde ihre Hülle
grün und bunt und exklusiv,
sehr bestaunt ob ihrer Fülle,
wenn sie um die Sonne lief.

Die paar Schmerzen im Gedärme
und im Wasserschwall zumal
sind nur lästig für die Schwärme
letzter Läuse aus dem All.

Diese Lebensfrustobjekte
aus mutierter Sternensekte
schneidern jetzt mit Akribie
das Gewand als Dernier Cri.

DAS KLEID DER ERDE

Der Stoff der Erde – die Natur –
am Webstuhl für die Totenhemden:
Der letzte Schrei hat Konjunktur
mit Leichen-Mutations-Beständen.

Was da verkrümelt und versteint,
im ausgelebten Rest vereint,
ist nur der Humus für den Tisch,
auf dem das Leben wieder frisch
geschneidert und entworfen wird
fürs Defilee beim Astroflirt.

Die Eitelkeit der Kosmosbraut
ist pubertär wie ihre Haut,
denn abgesehen vom Verbrauch
der Parasiten auf dem Bauch
hat sie noch Akne im Gesicht
und raucht und spuckt ins Sonnenlicht.

Da hilft nur noch ein Neugewandt,
metallisch wie's Courrèges erfand:
ein fester Mantel aus Beton,
ein Waldersatz aus Silikon
und am Äquator Eispaläste
für Aliens als Dauergäste.

GÄAS GÄRTNER

Bisher haben die Propheten,
die aus deinem Himmel kamen
in die Gärten, statt zu jäten
mit Geboten deine Samen
unzulänglich therapiert
und gepredigt von Rabatten,
wo nicht mehr gestorben wird
wie bei dir ins Reich der Schatten.

Jetzt zu Zeiten sind die Seher
deinen Gärten sorgend näher,
jäten mit und kümmern sich
um den Himmel und um dich.
Fantasierte Paradiese
bauen sie auf deiner Wiese.
Endlich hast du, Sonnenbraut,
Kosmospfleger für die Haut!

ÄTHER-ATEM

Dächer, Tempel, Kirchen, Häuser
samt den Zellen der Kartäuser:
Alle Bauten, die mit Geld
angstvermörtelt aufgestellt,

widersprechen den Motiven
in Parolen und in Briefen:
Frei zu sein in dieser Welt,
denn der Raum ist ohne Zelt.

Festigkeit und Atemschutz,
Illusion vor Staub und Schmutz,
auch Opakes ist nicht dicht,
Schatten leben auf im Licht.

Quantensprünge braucht zunächst
was gehirnt aus Gäa wächst,
im Orbit mit Schlauch gebiert,
bis der Äther Atem wird!

PARASITENSORGE

Ob es eine Ehre ist
für die Erde, unsren Mist,
ehe er vergammelt ist,
als Kulturgut zu erhalten?

„Schau, Planet, wir schenken dir
Pyramiden und das Tier,
sandgestrahlt in seiner Zier,
Künste zu verwalten.

Geben dazu auch die Tempel,
Dokumente voller Stempel
von Genies als ein Exempel
unsrer Macht dir auf die Reise.

Dass du schön bleibst im Orbit
um die Sonne im Zenit!
Brautbekränzt bist du schon mit
H_2O-polarem Eise.

Wir bewahren dein Gesicht,
machen Risse wieder dicht,
wir erfüllen unsre Pflicht
der UNESCO zum Beweise."

Fehlt nur noch ein Topograph,
der das Werk von uns dann nach
dem Super Gau im Almanach
zur Inspektion ins All stellt.

Wie die Erde ausgeschaut,
als der Mensch sie ausgebaut
und besorgt war um die Haut
unterm Loch im Schallzelt.

BLACKBOXIADE

Obwohl der Himmel oben leer ist,
der Raum darum so schwarz und kalt,
die Zeit zum Leben ungefähr ist,
verspricht dir eine Traumgestalt
Belohnung und versichert dir
ein Seelennest im Trans-Revier.

Der Glaube stützt das Garantieren,
Legenden sterben nie und sagen,
dass wir noch lange existieren
in einer Blackbox mit Behagen
und das Bewusstsein weitertreiben,
die Welt der Sterne zu beschreiben.

Der Kosmos hat auf uns gewartet.
Das Licht hat uns die Sicht geschenkt.
Was ohne Sprache einst gestartet,
chaotisch, wurde bald gelenkt.
Im mächtigen Gesetz der Schwere
bewahren wir die Atmosphäre.

Wir schweben schon und konservieren
in schwarzer Box das Ek-sistieren.

CHAMPIONS LEAGUE

Bewusstsein ohne Blick ins All
ist wie ein Fuss am Lederball:.
Die Welt ist flach begrenzt fürs Spiel
im Wettkampf mit dem Netz als Ziel.

Wer dabei schielt und auswärts schaut
verlässt das Match als Astronaut.
Kein Offside, keine Grenzen kennt
die Raumregie im Reglement.

Der Schieri ist kein Pfiffobjekt
und dirigiert das Spiel versteckt.
Die Bälle glühn und haben Drall,
manch einer brennt im Futteral.

Die roten Karten kriegen Riesen,
die gasplodieren und verkiesen
zu neuen klumpigen Etüden,
in Wandlungen nicht zu ermüden.

Das Tor, das Loch der Galaxie,
ist ein Geheimnis der Regie.
Man schiesst dort gern als Stern daneben:
Ein Treffer gleicht damit dem Leben.

Die Highlight- Zeit im All ist drum
ein Changing Game ad aeternum.

MANNA IM ORBIT?

Vielleicht ist es sogar ein Wink,
ein transzendent getippter Link:
Die Ätherleere im Orbit
mit Luftrucksack und Laserschritt
nach heil'gen Stätten abzusuchen
wie nach Rosinen einen Kuchen.

So lange war das Himmelsrot
als Paradies im Angebot,
geschaut und fest versprochen
von gottverwandten Diadochen –
vielleicht ist diese Illusion
verrutscht in andre Dimension?

Wie jetzt die dunkle Energie
den Plot der Sternenharmonie
geheimnisvoll, unkontrolliert
den Blick der Physiker verwirrt,
so könnten Halluzinationen
Beweise sein für Intuitionen.

Die Leere ist vielleicht wie Zeit
auch relativ zur Ewigkeit.
Was man nicht sieht und nicht begreift,
wie Wind durch unsre Seele streift,
vermag im leeren Raum das Sinn-
Gefühl erweitern mit Gewinn.

DER DÜSEN TÜRMER

In diesem irdischen Getümmel,
ob du ein Wurm bist oder Lümmel
mit zwei Beinen unterm Kopf,
erkennst du dich im selben Topf.

Was da kreucht und lebt und fliegt,
stets dem Sterben unterliegt,
wird recycelt und verwandelt,
wie ein Tauschobjekt behandelt.

So wird aus Wurm manchmal ein Lümmel,
ein Lümmel doch nicht gern ein Wurm:
Der sucht nach Manna überm Himmel
und übt die Flucht im Düsenturm.

WÄR ICH GÄAS GAST

Lieber wär ich auch
ein Gast auf dieser Welt,
als tot zu sein in ihrem Bauch,
bis es einem Gott gefällt,
irgendwann am Jüngsten Tag
nach versprochenem Vertrag
wie ein Phönix aus den Kohlen
die Geburt zu wiederholen.

Nur als Gast fühl ich mich frei
wie ein Reiseflugbegleiter
auf dem blauen Kosmos-Ei
mit zerbrochner Jakobsleiter
zu dem nicht vorhandnen Dach,
wo laut Lügenalmanach
mich ein Engelchen erwartet
und bereits die Arche startet.

Und sie pilgern in Kolonnen
aus dem Grab auf Zeit zur Rampe
für den Ausflug zu den Wonnen
ew'gen Lichts aus Gottes Lampe.
Und sie gehen in Kabinen
wie einst Noahs Wild der Welt,
frei von Sünden und von Sühnen,
denn sie fühlen sich bestellt.

Ach, als Gast wär mir die Reise
wohlbekannt durchs All der Eise,
durch die echolose Leere
ohne Gäas Atmosphäre.

III

MANNA-TOASTER

DESASTERPFLASTER

Dieses Dunkle vor dem Hellen
und das schwarze Loch im Licht,
das verschlingt anstatt zu quellen,
wie ein Feme-Strafgericht,

ist ein Trost und wie ein Pflaster
auf der rationalen Wunde
der Erkenntnis vom Desaster
aller Gläubigen im Bunde.

Also liegt darin ein Glück,
auch mit Ur-Knall-Blick zurück,
dass sich da noch unerklärt
Gott als Schöpfer wo bewährt.

Synonym sind auch Zitate
aus der Bibel und Koran:
All ist Rebus, also rate
oder bete Zweifel an.

FETISCHTHEORIE

Die Fetische sind Hypothesen,
seit Popper wahr und auch erlaubt,
solang wie Göttliches gewesen,
bevor der Zufall es geraubt.

Nimm eine Axt und schlag die Linde,
die Eiche und den Totempfahl,
kein Blitz bestraft dich für die Sünde,
ein Umweltschützer höchstens mal.

Ein Fetisch ist auch die Physik,
da wird gerodet und geschlachtet,
Alt und Neues Stück um Stück
bezüglich Tauglichkeit betrachtet.

Die Wahrheit liegt im Widerspruch:
Gott und Fetisch balancieren
zwischen Glauben und Versuch,
Wissen als Beweis zu führen.

DOMTÜREN

Schiebetüren setzt man jetzt
in den heil'igen Kuppelbau,
und der Standort wird versetzt
ins Gebirg zur Himmelsschau.

Denn die schönsten Kathedralen,
goldverzierte Konstruktionen,
mieden bisher die Sakralen
kommunionsbereit zum Wohnen.

Also öffnet man an Domen,
respektiv am Dach des Herrn,
einen Spalt den Astronomen
zu dem Göttersitz im Stern.

Irgendwo noch hinterm Licht
wird sich die Begründung fügen,
warum unsre Tempel nicht
dem geladnen Gast genügen.

TRACHEOTOMIE

Einerseits wird es bewiesen,
das Bewusstsein in der Galaxie,
durch die Raumfahrt und die Expertisen
mikroskopisch in der Gen-Chemie.

Sie erforschen die Gestirne
in der Leere zwischen Löchern,
bauen künstliche Gehirne
ohne Seele in den Fächern,

die bisher und andrerseits
uns, die irdischen Normalen,
mit Gefühlen und mit Reiz
unerklärlich überfallen.

Mögen doch die Astronomen
und die Nano-Anatomen
beim Entdecken der Genome
psychisches Gespür bekommen!

Denn Bewusstsein ohne Seele
ist wie nach dem Luftröhrenschnitt:
Man entnahm den Kopf der Kehle
und das Lied darin gleich mit.

CREDO

Ich glaube, Gott ist kleiner noch
als die Teilchen von Atomen,
nicht das grösste, nicht das höchste
von den Religions-Phantomen.

Kleiner selbst als in Kernspalten
wirkt das göttliche Gestalten,
fein und klein in allen Dingen,
die das Grösste noch durchdringen.

Manchmal spür ich seine Schwingen
wie die Atemlust zum Singen,
wie in kleinen Vogelkehlen,
die den Jubel nicht verhehlen:

rundherum als Potpourri
aus der Welt zur Galaxie.
Und die Leiden klagen mit:
Ohne Echos im Zenit.

BLAUE SCHLÄUE

Schlau hat das ein Gott gemacht,
dass du schlafen sollst bei Nacht,
tags darauf dem Zelt vertraust,
wenn du in den Himmel schaust.

Will er nicht, dass es dich graust,
weil die Welt so um sich saust?
Will er nicht, dass du erkennst,
dass alles flieht und niemand bremst?

Dass man Strahler Sterne nennt,
obgleich doch alles loh verbrennt?
Dass du fragst, wozu, wohin
treibt die Erde mit uns drin?

Sind denn Fragen überhaupt
an die Göttlichkeit erlaubt?
Die uns in Narkose glaubt,
nachts, und tags der Sicht beraubt.

ERBOST IM TROST

Auch wenn du Glauben hast
an Gott als Erdengast,
der den Himmel hat mit Garten,
um die Toten zu erwarten,
wo sie froh und selig sind –
bist du ratlos, wenn dein Kind
vor dir stirbt und dich fatal
leben lässt in dieser Qual.

Erlaube, Gott, Dich nicht zu loben,
nicht die Liebe und Moral;
ausser Regen kommt von oben
nicht nur Gutes im Plural.
Was die Priester von Dir singen,
schizophren und zeitverschoben,
kann die Schmerzen nicht bezwingen,
die in meinem Herzen toben.

Du bist taub für meine Schreie,
echoloser Himmel Du!
Pfeifenkranke Sackschalmeie,
Rülpserhauch der heil'gen Kuh.

MANNA-TOASTER

Dieser Gott, den sie verehren,
träumte selbst vom Seligwerden:
zimmerte im Himmel Betten,
pflanzte Gärten frei vom Jäten,
liess für Menschen und Kamele
Wasser plätschern durch Kanäle.

Flötenklänge und Schalmei
tönen lieblich im Serail
und ein Chor mit Schulterschwingen
übt mit den Novizen Singen,
sorgt und pflegt die frommen Seelen
Nektar spendend für die Kehlen.

Engel tragen Gottes Throne,
psalmodieren seiner Krone,
duften wie geschnittne Rosen,
sind platonisch beim Liebkosen
und poliern das Mobiliar
um den goldnen Samowar.

Um den heil'gen Manna-Toaster
mit dem Brot für PATER NOSTER
tanzen in dezenten Schleiern
Selige, den Tod zu feiern,
den sie auf der Erde liessen
für die andern zum Verdriessen.

Ach, die andern, das sind jene,
denen fehlt das Schizophrene,
denen fehlen Illusionen,
herzenswarm im Eis zu wohnen,
hoffnungsvoll in leeren Hüllen
einen Glauben zu erfüllen.

GESTRAFTE HEITERKEIT

Friedhofsjodler ist der Husten
eines heitren Todbewussten,
also geht er gern in Heime,
wo für letzte Lebenskeime
in den Pausen vor dem Sterben
Manager mit Spielen werben.

Man begibt sich zu den Siechen,
Gleichgesinnten in Gebresten,
und bemüht sich gut zu riechen,
fromm zu sein bei letzten Gesten.

Singt und turnt mit auf den Stühlen,
dankt befragt mit Herzlichkeit,
ist beteiligt mitzufühlen
in dem Kreis von Weh und Leid.

Schabernack ist fast blasphemisch
zur Erheiterung am Tisch,
Friedhofswitze wirken hämisch
und verletzen fürchterlisch!

Kinderlieder sind begehrter
als der Kanon „Froh zu sein".
Das Verflossne ist verehrter
als ein Blatt im Sonnenschein.

Mögen, wenn er heiter ist,
auch als hustender Solist
mit profanen Tischmanieren
ihn die Psalmen irridieren[2]!

---

2   lat. irridere: auslachen, blamieren

LETHES BAUCH

Manchmal wünsch ich mir den Fluss,
den man überfahren muss,
um das Wissen aus dem Leben
wie ein Pfand zurückzugeben.

Und ich frage auf dem Floss
Charon, ob ihn nie verdross
zuzuschauen, wie die Lehren
sich in Lethes Bauch vermehren.

Ob die Wasserwellen rauschen,
wenn Genies die Ufer tauschen,
wenn ihr Wissen in den Fluss
des Vergessens tauchen muss.

Ob vom andren Ufer man
wohl auch Wirbel sehen kann,
einen Kreiselsog hinab
wie das schwarze Loch als Grab.

Fahren Astronomen auch
über Lethes dunklen Bauch?
Und wo mündet ihr Gekröse?
Charon lacht: „Ins Ominöse!

Im Kanal vorm Hades schäumt,
was der Mensch beim Sterben träumt:
oszillierend in den Blasen,
eh sie platzen wie die Phrasen.“

DER SCHATTENDIEB

Freundlich bist du nicht zu nennen,
obgleich dein Name dafür wirbt,
Leidende vom Schmerz zu trennen
in der Angst, bevor man stirbt.

Keiner hat so grobe Namen,
niemand gibt dir gern die Hand.
Nur Dämonen und Schamanen
ist dein Geisterreich bekannt.

In Seancen mit Gebeten
steigen oder sinken sie
medial geschult und reden
mit der Schattenkolonie.

Manche deiner Opfer klagen
nach der Sensenschnittauswahl,
dass sie noch den Schatten tragen
ohne Licht und Widerstrahl.

Bist du wohl der rechte Richter,
Schattenschlepper in Person
aus der Welt der Lichtverzichter,
und ein Bruder von Charon?

Sind die ird'schen Schattenwerke,
diese Stoffe im Gewand,
different in Art und Stärke,
„Nature morte" fürs All geplant?

VETO IM ALL

Die Erde gebiert die lüsternen Leben
und erntet die Kinder als Leichen,
um sie in ihr Kleid einzuweben
und keiner der Schwestern zu gleichen.

Der Kosmos staunt, die Sonne meint:
So eitel ist kein Kind von mir;
sie hat gewiss ein Elixier
des Todes, das im Leben keimt.

Der Kosmos raunt im Hintergrund
ein Veto zum Solarbefund:
Im All bewirkt der Tod den Start
zum Werden je nach seiner Art.

SCHWARZER TRICHTER

Sterben ist oft ungestüm
und verschleiert das Bemühn
die Verwandlung im Vergehn
als Ereignis an zu sehn.

Nicht, dass man es ganz verstünde:
Mystisch bleiben seine Gründe,
durch Vergleiche mit den Sternen
können wir das Sterben lernen

Ob Äonen oder Jahre
hingehn bis ins Wandelbare:
Nach der Illusion von Leben
wird ein Neues weiter weben.

Aus dem Humus, aus den Aschen
will verwandelt überraschen,
was der Tod so unverschämt
durch die Starre täuscht und lähmt.

Dieser Freud- und Trost-Vernichter
ist im All der schwarze Trichter
für den letzten Weg des Lichts
ins geheimnisvolle Nichts

TOD IST TOT

Diese Gott-Verwirklichung,
dieser Geist in allen Stoffen,
wie der Phönix auch aus Dung,
hat den Tod tödlich getroffen.

Denn durchschaut ist jetzt das Sein
mit dem unbegrenzten Willen.
Eine Raupe spinnt sich ein,
dieses Wollen zu erfüllen.

Metastasen sind die Föten
nach der Maden-Phasen-Zeit:
Die Verwandlung durch das Töten
wirkt im All als Ewigkeit.

IV

BIOTOPE

NARRBEFREIT

Die Wahrheit liegt im Widerspruch,
als Keim im Sein des Nichts.
Die Lüge ist der Mordversuch
am Strahlenkind des Lichts.

Die Wahrheit liegt im Schaukelbett
und fremde Ammen tränken
das Kind geheim im Kabinett,
umstellt von Lug und Ränken.

Als Prinzipal in Pubertät
wird es am Hofe vorgeführt:
Das Gremium sagt ungerührt,
ihm fehle noch die Majestät.

Da hat der Narr den Gast gefasst
und tanzt mit ihm ins Freie.
Der Hofstaat blieb im Prunkpalast
und spielt dort Ringelreihe.

HELDENDUMM

Für die Helden dieser Welt
war erst Mut und Kraft im Glanz
mit der List gepaart im Feld
lorbeerwürdig für den Kranz.

Was die Sieger daraus machten,
endete oft gar unrühmlich,
überheblich und in Schlachten,
typisch, sagt man: Altertümlich!

Oder paranoisch böse,
hegemonisch und perfid,
martialisch mit Getöse,
fetischistisch, schizoid.

Dass ich doch die deutschen Worte
finden könnte für den Krieg,
wie er war an jenem Orte:
Über alles bis zum Sieg!

Für die Helden jetzt der Welt
zählt vorerst die List im Tun
der Geschäfte und das Geld.
Mut und Kraft sind dabei dumm.

DER SELBSTBETRUG

Das Ich ist eine Illusion
wie Sonnenauf- und -untergang,
ein Tick der Evolution
wie's Vogelhirn für den Gesang.

Der Wahn, sich selbst und mehr zu sein,
Subjektobjekt, das proklamiert,
heurekalaut: „Ich hab allein
zuerst entdeckt, was existiert",

der führt zur Paranoia hin,
zur Pandemie von Hab und Gut
mit Alpha-Affen-Übermut,
dem Trugschluss von: „Ich bin."

Man ist nur, wenn man teilen kann,
lokal, global in Gäas Kleid
am Korso in der Sternenbahn –
vielleicht als Augen ihrer Zeit.

REFLEXION

Erst wirst du zum Sein dressiert
wie Eleven vor dem Spiegel,
damit aus dir etwas wird
mit Name und mit Siegel.

Du bist nach der Zensur
Persona in Struktur,
ein kulturelles Sein
in einem Ich-Verein.

Du unterscheidest dich
von jedem andren Ich,
das man zur Kenntnis nimmt
im Club, der es getrimmt.

Erst in der Reflexion
siehst du die Illusion,
dass du nicht gern das Ich bist,
mit dem der Plural dich misst.

Was andre sind, ist auch in dir:
das gute und das böse Tier.
Der Mensch mit seinem Ich ist drum
ein Flickwerk im Panoptikum.

SPIEGELKABINETT

Selten, aber doch zu Zeiten,
darf ich meinen Enkelsohn
in den neuen Zoo begleiten,
doch das meiste kennt er schon.

Er verweilt gern bei Exoten,
die bedroht sind durch Chaoten,
hinter Gittern, in Vitrinen,
wohnt ein Restbestand von ihnen,
was erklärt wird am Plakat:
„Leben noch im Reservat."

Im Affenhaus ist mehr Humor.
Wir kommen uns verwandter vor.
Er imitiert für mich Schimpansen
und ich die Roten mit den Fransen.
Die Gibbons schrein und turnen wild,
dabei entdecken wir ein Schild:

„Zu den gefährlichsten Primaten!"
Wo werden wir wohl hingeraten?
Ein Wärter nimmt vor jener Tür
den extra Obolus dafür.

Der Raum ist rundherum verspiegelt
und vor den Spiegeln drahtverriegelt,
sodass, nun ja, als Konterfei
im Käfig sehen wir uns zwei.

BIOTOPE

Für die Schnecke ist der Regen
ohne Sonnenschein ein Segen.

Einem Gletscherfloh im Eis
ist der Badestrand zu heiss.

Einem Tiger auf der Pirsch
träumt in Andacht von dem Hirsch.

Einer Laus schmeckt bloß das Blut
zwischen Körperhaaren gut.

Nur der Mensch als Parasit
macht in allen Nischen mit:

Vegetarisch im Speziellen,
karnivorisch je nach Quellen.

Seine Wirte sind global
ohne Rücksicht auf die Qual.

TOTENFEIER

Lass uns in den Garten gehen,
wo wir Blumen schneiden;
diese sterben gar so schön,
duften noch im Leiden

Zur letzten Ölung stelln wir sie
ins Wasserbad der Vase,
verlängern so das Agonie-
Aroma noch im Glase.

Noch bevor sie ganz verwelken
(nur die zarten Blätter,
nicht die dicken vollen Nelken),
presst man sie für später.

Nichts ist so begehrenswert
wie flach gedrückte Rosen,
Form und Farbe unversehrt
in den Sterbeposen.

REISEZEIT

Es sagt der Baum zu seiner Frucht:
Die Welt hat uns besucht.

Es sagt die Frucht zu ihrem Kern:
Ich reise schrecklich gern.
Das Blatt hat mir vom Wind erzählt,
zur Reife bin ich auserwählt.

So fällt die Frucht ins Feld
und reist jetzt mit der Welt.

EIN H-GESCHENK

Es muss was wie Orgasmus sein,
wenn H'as zu Helium werden.
Der Schrei dabei ist Sonnenschein
zur Lebenslust auf Erden.

Verwandlung ist der Strahlensinn
im Überschuss entschloss'ener Kraft,
wobei ein Energiegewinn
befreit und neue Formen schafft.

Photonenritter sind Galane,
sie schwärmen jubelnd durch den Äther,
verschenken sich ins Subkutane
der Blumenbeete von Demeter.

MUTTERGLÜCK

Bevor das Blatt sich löst vom Stamme,
verschenkt es noch sein blaues Blut
und stillt damit wie eine Amme
das Knospenkind in seiner Hut.

Dem Licht vermählt im grünen Kleid,
verliebt zutiefst mit allen Poren
beim Strahlenfest zur Sommerzeit
hat es dem Baum das Kind geboren.

Der Wind hat ihm vom Herbst erzählt,
vom Winter, der die Knospen quält.
Drum hat das Blatt den Stoff gewählt
und ledrig zäh das Kind umschält.

Dann überliess das Blatt dem Baum
das Knospenkind versorgt am Ast
und schwebte glücklich in den Raum
der Lebensspender im Morast.

ALRAUNISCH

Mit der Erde reden ist
genau so schizophren
wie das Gefühl, man könnte
Gott durch Kabbala verstehn.

Man kann mit Pflanzen oder Tieren
wohl sprechen, nicht Gespräche führen,
zum Plausch mit Vögeln musizieren,
im Wald mit Pilzen fantasieren –

wie sich im Humus das Myzelium
den Wirt aussucht ad libitum,
wie von den Wurzeln bis ins Laub
es sich verständigt stumm und taub,

kommuniziert ganz ohne Laut,
doch Sprache hat für jede Haut,
denn zu der Mimik kennt es die
perfektionierte Mimikry.

Das ist die Sprache der Natur
als Gib-und-Nimm-Sinnpartitur.

ADERLASS

Man sieht es nicht:
Der Baum wird blau
im gelben Licht
der Moderschau,
beim Aderlass
der Blattblutspende
zurück ins Fass
zum Jahresende.

Das blaue Blut
verlässt das Laub.
Sein Sommergut
liegt bald im Staub.
Die grüne Zeit
am Baum war gross.
Der Wind befreit
ein Lebenslos.

VOM AUTOR IST BEREITS ERSCHIENEN

Alfred Ilk
GEDANKEN-BILDER
Gedichte
Verlag : Epla
ISBN : 978-3-940554-08-6
März 2008
Paperback
€ 6,80

Unendlich weit und doch so nah ist das, was außerhalb unseres
Planeten sich befindet. Mit seinen galaktischen Gedichten bringt
uns der Autor dem Universum näher, nimmt uns mit auf seineReise
in die Geheimnisse des Weltalls.

Der blaue Schleier um die Welt
täuscht uns mit hochgewölbtem Zelt
als Zirkus dieser Erde.

„Mit herzlichem Dank & Gruss,
Peter von Matt"

Alfred Ilk
DIESE FRÜHGEBURTEN IM ORBIT
Galaktische Gedichte
Verlag: Books on Demand
ISBN: 978-3-8334-8714-9
Januar 2009
Paperback, 72 S.
€ 8,00

Das hat die Welt nicht oft gesehn
Dass Lehrer selbst ans Lernen gehn,
Clavius, der Gottesknecht
Gab dem Galilei recht.

Bert Brecht

„Sehr geehrter Herr Ilk,
Ich danke & grüsse sehr herzlich,
Ihr Peter von Matt"

Alfred Ilk
SCHLARAFFENLAND
AUF NULL-DIÄT
Irdische und kosmische Gedichte
Verlag: Books on Demand
ISBN: 978-3-8334-7140-7
Mai 2009
Paperback, 96 S.
€ 10,20

Abgesehen von den Jahren,
die uns viel zu langsam waren,
weil die Älteren schon durften,
was wir bei Verbot umkurvten,
war die Zeit der Pubertät
Schlaraffenland auf Nulldiät.

„Sehr geehrter Herr Ilk,
Vielen Dank,
ich habe mich nachdenklich amüsiert.
Mit gutem Gruss,
Ihr Peter von Matt"

Alfred Ilk
VOM SCHATTENSEIN
ZUM SONNENWIND
Gedichte aus Gäas Garten
Verlag: Books on Demand
ISBN: 978-3-8334-7166-7
März 2010
Paperback, 100 S.
€ 16,00

„Ich wünschte, Sie schafften den Durchbruch, denn Sie haben –
das hörten Sie auch schon von mir –
meines Wissens als Erster und Einziger der Poesie
die Galaxien erobert."

Prof. Dr. Bernhard von Arx